Pommes de terre, je vous aime...

Avec ou sans robe des champs

Daniel PIERRE

Illustrations

Gentiane MAGNAN

Illustrations

Gentiane MAGNAN

© Éditions Le Sureau, 2004

04340 Méolans-Revel

ISBN 2-911328-14-0

Sommaire

POMMES SIMPLES ET POMMES AUX ŒUFS

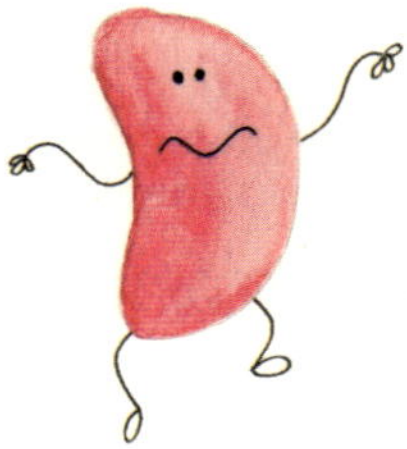

PATATES DOUCES

LES SUCRÉES

Mise en bouche

La petite histoire de la pomme de terre

La pomme de terre est originaire de la Cordillère des Andes, dans la région du lac Titicaca, près du littoral du Pérou actuel où les Indiens la cultivaient. Ils lui avaient donné, 800 à 900 ans avant Jésus-Christ, le nom de *papas*. La pomme de terre a voyagé des Andes à l'Europe, en passant par l'Espagne, l'Italie, l'Irlande, la Belgique, l'Allemagne, la Suisse et la France.

Au 17e siècle, la pomme de terre n'a pas bonne presse en France, on l'accuse, entre autres, d'être le « fruit du diable » car elle pousse sans difficulté sous terre et presque trop facilement. On a des doutes sur ce légume et on s'en méfie car la pomme de terre n'est pas mentionnée dans la Bible. On la soupçonne également de transmettre la lèpre, elle abîme la peau et bien d'autres accusations sont portées contre elle.

Jusqu'à l'action et la détermination d'Antoine Augustin Parmentier, pharmacien français, la pomme de terre est juste bonne à nourrir les pauvres et les animaux. Parmentier découvre la pomme de terre en Allemagne et met tout en œuvre pour que Louis XVI utilise la pomme de terre afin de lutter contre la famine.

La population, quoique affamée, est réticente à consommer ce tubercule. Parmentier a l'idée de faire apprécier la pomme de terre en faisant de ce légume un aliment aussi précieux que l'or. Pour cela, il met au point une ruse qui va parfaitement réussir. Il demande au roi Louis XVI de faire garder par des soldats un champ planté de ces précieux tubercules prêts à être consommés. Pour la population, curieuse, ce qui est gardé de cette façon a beaucoup de valeur. Alors, dès la nuit tombée, après que les soldats se sont retirés, le peuple de Paris vole les tubercules et s'en nourrit. La pomme de terre est reconnue, consommée et appréciée.

Nourrissante mais pas riche

La pomme de terre est un tubercule sans matières grasses, très nourrissant, de la famille des solanacées comme le tabac, la belladone, la mandragore, la tomate, le poivron ou l'aubergine. La pomme de terre est riche en fibres, en vitamine C, B et en glucides. Cette alchimie fait de la pomme de terre un aliment riche qui apporte de l'énergie et qui facilite la digestion. Les pommes de terre contiennent du potassium et du magnésium, du phosphore ainsi que des oligoéléments (fer, zinc et cuivre).
Pour garder tout ce que les pommes de terre apportent de bon, il faut penser à les faire cuire sans enlever la peau.

La consommation de la pomme de terre apporterait des kilos : voilà une idée reçue à faire disparaître. Non, les pommes de terre ne font pas grossir, c'est l'ajout du beurre, des crèmes et de l'huile qui les accompagnent qui apportent les calories et qui leur font mauvaise presse. La pomme de terre, cuite à l'eau, n'apporte en fait que 90 kcal pour 100 g.

De préférence, choisissez des pommes de terre fermes, à la peau lisse et sans tâche, que vous achèterez sur les étals de marché. Évitez les pommes de terre sous plastique qui se chargent d'humidité, qui deviennent plus molles et qui s'abîment plus vite. **Stockez** les pommes de terre non lavées à l'abri de la lumière dans un endroit ventilé, au sec et au frais. **Cuisinez** les pommes de terre à la vapeur, au four, en papillote, passées au gril, rôties mais, lorsqu'elles sont épluchées, faites-les cuire très rapidement afin qu'elles ne se tâchent pas. Quand les recettes le permettent, faites cuire les pommes de terre avec leur peau car elles gardent ainsi toutes leurs vitamines et leurs minéraux.

Quelques noms, quelques utilisations

Agria - **Amandine** - **Belle-de-Fontenay** (accompagne les salades, recommandée pour les pommes vapeur, gratins, également choisie pour les soupes, les pommes rissolées ou pommes sautées) - **BF15** (la cuisson à la vapeur et aux gratins), **Bintje** (convient très bien pour les purées, les frites, les chips et les potages) - **Bonnotte** - **Charlotte** et la **Pompadour** (gratins, pommes sautées ou rissolées, accompagne aussi les salades) - **Chérie**, **Estima** (parfaite pour les recettes préparées au four) - **Francine** - **Institut-de-Beauvais** - **Manon** - **Mona-Lisa** - **Nicola** - **Ratte** (cuite à l'eau ou à la vapeur et en salade) - **Roseval** (recommandée pour les plats raffinés) - **Rosine** - **Samba** - **Vittelotte noire**, les **"Truffoles"**, les **"Grenailles"**, la **Russet**, plus de cent variétés...

NB : *Pomme de terre* ou *patate* ? Au sens propre, *patate* désigne le tubercule d'une liane tropicale qui n'a rien à voir avec la pomme de terre et qu'on appelle plus souvent *patate douce* pour la distinguer de celle-ci. Toutes les recettes de ce livre concernent la pomme de terre, à l'exception de celles présentées p. 63 à 67.
Robes des champs = pommes de terre cuites avec leur peau dans de l'eau salée, après les avoir bien lavées.

- 1 c.c. = 1 cuillère à café
- 1 c.s. = 1 cuillère à soupe
- 1 c.s. de crème fraîche = 25 g
- 1 c.s. d'huile d'olive = 40 g
- Les temps de cuisson sont donnés à titre indicatif car ils dépendent du matériel utilisé.

Tapas de pommes de terre

Pour 4 personnes
Préparation : 20 minutes
Cuisson : 20 minutes

Ingrédients :

- 500 g de petites pommes de terre nouvelles
- 2 gousses d'ail
- 4 c.s. d'huile d'olive
- 1 pincée de piment rouge
- 1 pincée de cumin
- 2 c.c. de paprika
- 2 c.s. de vinaigre de vin
- 1 poivron rouge
- sel, poivre

Brosser et laver les pommes de terre puis les cuire à l'eau en les maintenant bien fermes.

Couper les pommes de terre en morceaux.

Laver et épépiner le poivron rouge et le découper en lamelles.

Dans un récipient, écraser l'ail, le piment et le cumin à l'aide d'un pilon, puis ajouter le paprika et le vinaigre.

Faire chauffer l'huile dans une poêle et faire revenir les pommes de terre jusqu'à ce qu'elles soient bien dorées. Saler.

Verser la préparation d'épices et les lamelles de poivron dans la poêle et mélanger aux pommes de terre.

Faire revenir encore 2 minutes. À servir chauds ou froids.

Un petit plus

Prendre une feuille de brick (l'ensemble de la préparation froid). Poser dessus un filet de poisson, sel, poivre, épices, tandouri. Replier la feuille de brick en chausson et passer au four 10 minutes à 180°C. Servir tel quel avec un mélange de salades.

Galettes de pommes de terre à la grecque

Pour 4 personnes
Préparation : 40 minutes
Cuisson : 30 minutes environ

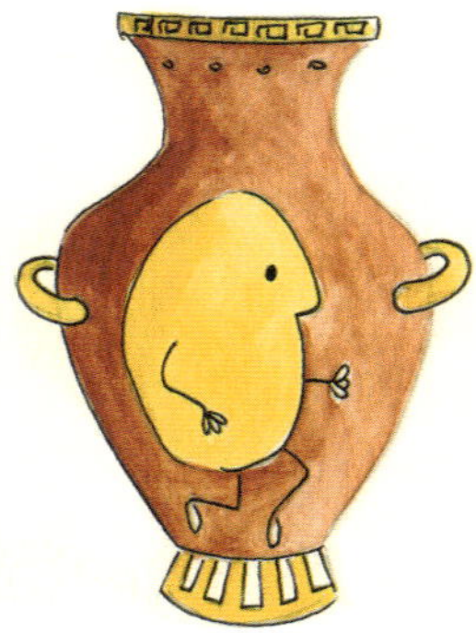

Ingrédients :

- **500 g de pommes de terre**
- 100 g de feta
- 3 petits oignons
- 2 branches d'aneth
- 1 œuf
- quelques olives noires ou pimentées
- 1 **c.c. de poudre d'ail**
- ½ c. à thé de romarin en poudre
- ½ c. à thé de thym en poudre
- 3 **c.s. d'huile d'olive**
- 30 g de farine
- sel et poivre

Faire cuire les pommes de terre puis les peler une fois tiédies et les écraser en purée dans un grand saladier.

Émietter la feta, hacher les petits oignons, ajouter l'aneth, la poudre d'ail, le thym et le romarin et battre un œuf. Ajouter le tout à la purée de pommes de terre. Saler, poivrer et bien mélanger la préparation.

Placer ensuite le saladier 1h au réfrigérateur jusqu'à ce que la préparation puisse être travaillée. Ensuite, former des petites boulettes, les aplatir suffisamment et les saupoudrer de farine.

Faire chauffer l'huile d'olive dans une poêle, y mettre les petites galettes et les faire dorer des deux côtés.

Servir chaud.

Gaufres de pommes de terre au saumon fumé

Pour 4 personnes
Préparation : 35 minutes
Cuisson : 20 minutes

Ingrédients :

- 500 g de pommes de terre *(BF15 ou ratte)*
- 4 tranches de saumon fumé
- le jus d'un citron
- quelques brins de ciboulette
- quelques brins d'aneth
- 2 œufs entiers + 1 jaune d'œuf
- 150 g de crème fraîche épaisse *(en deux temps)*
- 1 c.c. d'huile d'olive
- sel et poivre

Préparer la crème au citron :
Dans un récipient, verser le jus du citron sur la moitié de la crème (75 g), saler, poivrer et mélanger. Garder au réfrigérateur.

Préparer la pâte à gaufres *(pour 4 gaufres)* :
Éplucher les pommes de terre puis les râper grossièrement.
Bien presser cette pâte entre les mains.
Mélanger 75 g de la crème avec les pommes de terre râpées et les égoutter.
Battre les œufs entiers et le jaune et mélanger le tout.

Saler, poivrer et placer au réfrigérateur.

Couper finement la ciboulette et l'aneth.

Huiler le gaufrier préchauffé puis disposer la préparation suffisante et laisser cuire pendant 3 à 4 minutes.

Déposer dans chaque assiette une cuillerée à soupe de crème citron, agrémenter de ciboulette et disposer les gaufres dessus. Recouvrir la gaufre d'une tranche de saumon fumé. Les gaufres doivent être bien dorées.

Pain de thon

Pour 6 personnes
Préparation : 35 minutes
Cuisson : 25 minutes
Réfrigération : pendant 12 h
ou une nuit.

Ingrédients :

- 6 pommes de terre
- 300 g de chair de thon
- 2 tomates
- 2 citrons
- quelques lamelles de poivron
- 100 g d'olives noires
- 2 c.s. d'huile d'olive (80 g environ)
- quelques brins de persil
- sel et poivre

Faire cuire les pommes de terre dans de l'eau salée, les éplucher seulement une fois tiédies et les écraser en purée.

Mixer le thon. Écraser l'ail et ajouter une pincée de sel. Verser lentement de l'huile d'olive sur la préparation et faire prendre l'aïoli, ajouter un jaune d'œuf, et continuer à verser l'huile ; à la fin, quand l'aïoli est bien ferme, verser le jus de citron.

Puis, mélanger la purée de pommes de terre, l'aïoli, ajouter le thon, le sel et le poivre.

Verser l'ensemble dans un moule à cake, presser délicatement la préparation et la placer au réfrigérateur pendant 12 h.

Démouler le pain de thon et décorer avec les tomates en rondelles, les lanières ou dés de poivron, les olives noires et le persil. Il est important de le servir très frais.

Un petit plus à préparer en début ou fin de recette :

Servir avec une émulsion de pain grillé au fumet de poisson (¼ fumet de poisson parfumé à la coriandre plus thym et citron). Ajouter deux tranches de pain de campagne grillé, une tranche de pain d'épices et une noix de beurre. Mixer le tout et servir frais.

Les pommes de terre de la grand-mère moldave

Pour 4 personnes
Préparation : 20 minutes
Cuisson : 30 minutes

Ingrédients :

- 6 grosses pommes de terre
- 8 œufs
- 4 petits oignons blancs
- 4 c.s. d'huile d'olive
- sel et poivre

Peler les pommes de terre, les faire cuire dans l'eau bouillante puis les écraser à la fourchette.
Faire durcir les œufs, les écaler et les hacher avec les petits oignons blancs. Mélanger le tout avec l'huile d'olive, saler, poivrer et placer au réfrigérateur.

Salade de pommes de terre aux sardines

Pour 4 personnes - Préparation : 20 minutes
Cuisson : 30 minutes (quand les pommes de terre sont cuites)

Ingrédients :

- 1 kg de pommes de terre
- 3 ou 4 petits oignons blancs
- 2 boîtes de sardines à l'huile
- olives et câpres
- persil plat
- 1 botte de coriandre fraîche
- quelques brins de ciboulette
- huile, vinaigre, moutarde
- sel et poivre

Faire cuire les pommes de terre sans les éplucher. Puis, une fois cuites, les éplucher et les couper en rondelles. Préparer une vinaigrette de caractère. Couper finement la ciboulette, les oignons, le persil et la coriandre. Écraser grossièrement les filets de sardines à l'huile et ajouter les olives et les câpres. Bien mélanger le tout et mettre au réfrigérateur pendant 12 h ou une nuit, afin que les parfums se mélangent bien.

Salade de pommes de terre à la betterave

Pour 4 personnes
Préparation : 20 minutes
Cuisson : 40 minutes

Ingrédients :

- 400 g de pommes de terre à chair ferme (BF15, belle-de-Fontenay)
- 200 g de betterave rouge cuite
- 2 œufs durs
- 5 ou 6 noix
- 1 c.s. de vinaigre de vin
- 1 c.s. de moutarde forte
- 1 c.s. de fromage blanc maigre
- 1 c.s. d'huile
- 1c.s. de gomasio *(condiment au sésame et au sel)*
- sel et poivre

Faire cuire les pommes de terre à l'eau (ou à la vapeur) en les gardant bien fermes et les couper en dés.

Couper la betterave en cubes et les ajouter aux pommes de terre dans un saladier.

Préparer une sauce bien relevée pour l'assaisonnement : battre le fromage blanc, le vinaigre, la moutarde, l'huile, le sel et le poivre. Verser la sauce sur la salade, ajouter les noix émiettées, mélanger et mettre au réfrigérateur pendant 1 h.

Avant de servir, couper les œufs durs en quartiers puis les disposer sur la salade.

Servir avec un filet de carpe, de haddock ou de saumon fumé.

Bouchées de pommes de terre au parmesan

Recettes de pommes de terre du Nouveau-Brunswick, Canada

L'ensemble donne 32 bouchées

Ingrédients :

- 1/3 tasse (75 ml) de parmesan râpé
- 1 c. à thé (5 ml) de paprika
- 1 c. à thé (5 ml) d'ail en poudre
- ½ c. à thé (2 ml) de sel
- ¼ c. à thé (1 ml) de poivre
- 4 pommes de terre avec pelure, coupées en huit sections
- 2 c.s. d'huile

Combiner le fromage et les assaisonnements.
Enduire les pommes de terre d'huile et les enrober du mélange de fromage.
Étendre les sections sur une plaque à biscuits.
Faire cuire à 200°C (400°F) jusqu'à ce qu'elles soient tendres et dorées (environ 40 minutes).

Potage à la crème de pommes de terre

Recette de pommes de terre du Nouveau-Brunswick, Canada

Pour 6 personnes

Ingrédients :

- 2 pommes de terre fraîches pelées et coupées en dés
- 1 petit oignon, tranché
- 1 carotte moyenne, tranchée
- 2,5 tasses (625 ml) de bouillon de poulet
- 1 c. à thé (1 ml) de sel
- 1 pincée de poivre blanc
- ½ c. à thé (2 ml) de poudre de cari
- 1,5 tasse (375 ml) lait
- garniture ciboulette ; bacon cuit et émietté ou fromage râpé ou croûtons

Dans une casserole de 3 pintes (3 litres) pour four à micro-ondes, placer les pommes de terre, les oignons, les carottes et une tasse (250 ml) de bouillon de poulet.

Recouvrir d'une pellicule de plastique, sans trop serrer. Cuire à haute puissance de 13 à 15 minutes ou jusqu'à ce que les pommes de terre soient tendres, en brassant une fois.

Ajouter le reste du bouillon de poulet, le sel et le poivre et la poudre de cari, si utilisée.

Verser la moitié du mélange dans un mélangeur ou un robot culinaire.

Couvrir et mélanger jusqu'à consistance lisse.

Répéter avec le reste du mélange.

Verser à nouveau dans la casserole et ajouter le lait.

Couvrir et cuire à haute puissance pendant 8 minutes ou jusqu'à ce que le mélange soit bien chaud.

Pommes de terre farcies au fromage blanc fermier et au crabe

Pour 4 personnes
Préparation : 15 minutes
Cuisson : 10 minutes

Ingrédients :

- 4 grosses pommes de terre à chair ferme
- 100 g de fromage blanc fermier à 40%
- 150 g de chair de crabe
- ½ jus de citron
- quelques brins de ciboulette
- 2 c.s. de crème fraîche
- sel et poivre

Faire cuire les pommes de terre en robe des champs.

Dans un petit saladier, mélanger le fromage blanc fermier, la chair de crabe, la ciboulette finement ciselée, la crème fraîche, le jus de citron, le sel et le poivre.

Couper les pommes de terre en deux dans le sens de la longueur et creuser un peu l'intérieur à l'aide d'une cuillère à café.

Remplir chaque cavité de pomme de terre avec la préparation et servir.

Pommes de terre farcies aux épinards

Pour 6 personnes
Préparation : 25 minutes - Cuisson : 1 h

Ingrédients :

- 6 grosses pommes de terre
- 300 g d'épinards
- 25 g de beurre
- 2 c.s. de parmesan râpé
- 2 c.s. de crème fraîche épaisse
- 1 gousse d'ail
- sel et poivre

Faire cuire les pommes de terre au four à th. 8 pendant environ 1 h. Faire cuire quelques minutes les épinards à l'eau bouillante salée, bien les égoutter et ensuite les hacher. Creuser délicatement les pommes de terre cuites à l'aide d'une petite cuillère sans abîmer la peau. Garder la chair et mélanger aux épinards. Ajouter le beurre, saler et poivrer. Farcir les pommes de terre avec cette préparation. Ajouter le parmesan râpé et l'ail finement haché. Passer 5 minutes au gril et servir.

Refroidir les épinards juste après la cuisson en faisant couler de l'eau fraîche dessus et ensuite bien les presser.

Pommes de terre farcies au comté

Pour 4 personnes - **Préparation : 15 minutes - Cuisson : 1 h**

Ingrédients :

- 4 grosses pommes de terre
- 1 œuf
- 20 cl de lait de vache
- 50 g de comté râpé
- 100 g de poitrine fumée
- sel et poivre

Faire cuire les pommes de terre au four à th. 8 pendant une heure. Les couper en deux dans le sens de la longueur et les creuser délicatement à l'aide d'une cuillère en gardant la chair. Écraser la chair avec le lait, l'œuf battu, le comté râpé, saler et poivrer. Bien mélanger le tout et remplir les coques de pommes de terre avec la préparation. Faire gratiner au four sous le gril.

Poitrine fumée émincée finement à mélanger à la pulpe de pommes de terre, après l'avoir blanchie.

Pommes de terre farcies
à la chair à saucisse

Pour 4 personnes
Préparation : 30 minutes
Cuisson : 40 minutes

Ingrédients :

- 4 belles pommes de terre (*ratte ou belle-de-Fontenay*)
- 2 oignons
- 2 carottes
- 100 g de chair à saucisse
- 50 g de foie gras (*cru en dés*)
- ½ litre de fond de veau
- 1 œuf
- 1 tranche de pain trempé dans du lait
- 3 c.s. d'huile d'olive
- 1 branche de persil
- sel et poivre

Préparer la farce en mélangeant dans un saladier la chair à saucisse, l'œuf, le pain trempé dans du lait et essoré, un oignon et le persil hachés, saler et poivrer. Bien malaxer tous les ingrédients.

Mélanger le foie gras et la chair à saucisse avec 2 c.s. de fond de veau.

Éplucher et creuser les pommes de terre en réservant un chapeau. Dans une cocotte, faire dorer les pommes de terre du côté creusé dans l'huile bien chaude.

Retirer, puis faire dorer les chapeaux. Enfin, faire revenir 2 carottes et l'oignon coupés en rondelles très fines, ajouter un verre de vin blanc et de bouillon blanc et faire cuire jusqu'à évaporation.

Remplir les pommes de terre avec la farce et les disposer sur le lit de carottes et d'oignons aménagé au fond de la cocotte.

Rajouter le reste de fond de veau et arroser en cours de cuisson.

Fermer et faire cuire 30 minutes à tout petit feu.

Surveiller et arroser si nécessaire.

Pommes de terre farcies aux poivrons doux

Recette élaborée par le chef René Poulin, hôtel Delta, Sherbrooke, Québec et diffusée par la Fédération des producteurs de pommes de terre du Québec

Pour 4 personnes

Ingrédients :

- 4 grosses pommes de terre
- 100 g (½ tasse) de poivron rouge
- 100 g (½ tasse) de poivron vert
- 50 g (¼ de tasse) d'oignon
- 10 g (1 c.s.) d'ail haché
- 2 jaunes d'œufs
- 15 ml (1 c.s.) de crème sure
- 15 ml (1 c.s.) de basilic haché frais
- sel et poivre

Cuire les pommes de terre avec la pelure à 190°C (375°F) pendant 50 à 60 minutes au four.

Couper les poivrons rouge et vert et l'oignon en petits cubes.

Couper le dessus des pommes de terre et, à l'aide d'une cuillère, les vider aux trois quarts.

Hacher la pulpe obtenue et la mélanger avec les jaunes d'œufs, la crème sure, le sel et le poivre, ajouter l'ail, les poivrons rouge et vert et les oignons.

Avec un sac de pâtisserie et une douille cannelée*, farcir les pommes de terre.

Réchauffer au four à 150°C (325°F), pendant 12 minutes avant de servir.

* *L'outil du pâtissier pour décorer les gâteaux.*

Pommes de terre surprises

Pour 4 personnes
Préparation : 20 minutes
Cuisson : 1 h 15

Ingrédients :

- **4 grosses pommes de terre**
- 12 cl de crème fraîche
- 2 œufs
- quelques brins de ciboulette
- 2 échalotes
- noix de muscade
- sel et poivre

Envelopper les pommes de terre lavées dans du papier aluminium, les déposer dans un plat à four et faire cuire à chaleur moyenne (th. 5) pendant 1 h.

Sortir les pommes de terre de leur papillote et les laisser refroidir.

Couper un couvercle dans chaque pomme de terre et évider l'intérieur en laissant un demi centimètre de chair et en prenant garde de ne pas percer la peau.

Réserver la pulpe et l'écraser avec la crème, les deux jaunes d'œufs, l'échalote et la ciboulette hachées menu, plus une pincée de noix de muscade.

Saler et poivrer.

Battre un blanc d'œuf en neige et l'incorporer délicatement à la purée.

Avant de farcir la pomme de terre, casser un œuf dans un bol et le déposer sans le briser au fond de la pomme de terre creusée, puis verser dessus la préparation.

Passer au four pendant 20 minutes environ jusqu'à ce que la purée soit belle et bien dorée.

Poêlée de pommes de terre aux brocolis

Pour 4 personnes
Préparation : 30 minutes
Cuisson : 45 minutes

Ingrédients :

- 600 g de pommes de terre
- 600 g de brocolis
- 50 g de beurre de Guérande
- 2 gousses d'ail
- beurre salé
- quelques feuilles de persil plat
- sel et poivre

Éplucher les pommes de terre et les faire cuire à l'eau salée pendant 15 à 20 minutes.

Détacher les brocolis et les faire cuire à la vapeur dans le panier de l'autocuiseur en position haute durant 5 minutes.

Hacher l'ail, couper les pommes de terre en rondelles et faire revenir le tout à la poêle dans le beurre salé.

Saler et poivrer (selon le goût, attention au beurre déjà salé).

Ajouter le persil ciselé puis les brocolis et faire revenir encore 5 à 6 minutes.

Quartiers de pommes de terre au romarin

Pour 4 personnes
Préparation : 15 minutes
Cuisson : 20 minutes

Ingrédients :

- 600 g de pommes de terre à chair ferme pas trop grosses *(ratte, belle-de-Fontenay)*
- 1 petit bouquet de romarin frais
- 2 c.s. d'huile d'olive
- sel et poivre

Brosser et laver les pommes de terre puis les faire cuire à l'eau en les gardant fermes.

Peler les pommes de terre une fois refroidies et les couper en quatre dans le sens de la longueur.

Dans une grande poêle, faire revenir les pommes de terre avec l'huile d'olive. Laisser dorer sur feu moyen, retourner.

Ajouter le romarin, saler, poivrer.

Servir avec un poisson.

Les pommes de terre au lard de tonton Guy

Pour 4 à 6 personnes
Préparation : 40 minutes
Cuisson : 40 minutes

Ingrédients :

- 2 kg de pommes de terre à chair ferme (BF15, charlotte, roseval, rosa)
- 300 g de lard fumé coupé en petits dés
- 6 gros œufs
- 250 g de crème fraîche liquide
- fleur de sel
- poivre du moulin
- noix de muscade
- persil plat, ciboulette, cerfeuil, ciselés finement
- beurre, huile

Éplucher et couper les pommes de terre en gros dés.

Couper le lard fumé en petits dés et le saisir dans une poêle à part.

Battre les œufs avec la crème fraîche. Ajouter le persil, la ciboulette et le cerfeuil finement ciselés.

Saler, poivrer et ajouter une bonne râpée de noix de muscade.

Dans une sauteuse, mettre 60 g de beurre et 3 c.s. d'huile, et faire rôtir les pommes de terre. Jeter la graisse de cuisson puis, sur feu doux, ajouter les lardons. Mélanger. Ajouter les œufs, toujours sur feu doux. Couvrir et laisser cuire jusqu'à ce que la préparation prenne l'aspect d'un gâteau.

Attention à bien surveiller la cuisson.

Servir avec une salade type pissenlit ou roquette.

Le ragoût de pommes de terre de ma grand-mère Eugénie

Pour 6 personnes
Préparation : 40 minutes
Cuisson : 2 h 40 environ

Ingrédients :

- 2 kg de pommes de terre à chair ferme (BF15, charlotte, roseval, rosa)
- 1 bouquet garni, 1 oignon, 2 gousses d'ail
- 1 blanc de poireau, 3 carottes
- 1 échalote
- 1 c.s. bombée de farine
- 600 g de palette de porc fumée
- 3 saucisses pur porc fumées type Montbéliard
- 1 morceau de lard fumé
- ¾ de litre de bouillon blanc de veau ou de volaille
- ½ litre de vin blanc sec (riesling, vin de Moselle)
- 75 g de beurre, 3 c.s. d'huile
- poivre du moulin

Éplucher les pommes de terre et les couper en gros dés.
Éplucher les carottes et les couper en rondelles.
Hacher l'oignon, l'échalote et le blanc de poireau et les faire légèrement blondir dans un faitout dans 30 g de beurre et 3 c.s. d'huile.
Ajouter le reste du beurre, verser la farine et faire un roux blond. Déglacer avec le vin blanc. Ajouter les pommes de terre, l'ail, le bouquet garni et les rondelles de carottes. Mélanger. Poivrer généreusement.
À part, faire dorer la palette des deux côtés puis la placer dans le faitout. Ajouter les saucisses et le lard fumé. Mouiller avec environ un quart de litre de bouillon. Porter à ébullition puis réduire à petit feu. Laisser mijoter à tout petit feu pendant 2 h 30 en surveillant et en mouillant régulièrement avec le reste du bouillon.
Recommandations : le jus de cuisson doit être lié, sous la forme de sauce, sinon éliminer du jus de cuisson. Ne pas mettre de sel.
Servir avec une crème fouettée, salée et poivrée, avec du cerfeuil ou de la ciboulette ciselés.

Pommes de terre façon lyonnaise

Pour 4 personnes
Préparation : 10 minutes
Cuisson : 30 minutes

Ingrédients :

- 800 g à 1 kg de pommes de terre
- 3 gros oignons
- 85 g de beurre
- 5 cl de vin blanc
- quelques feuilles de persil
- sel et poivre

Faire cuire les pommes de terre à l’eau en les gardant assez fermes, puis les éplucher et les découper en fines rondelles.

Couper les oignons en tranches fines de même épaisseur puis les faire dorer légèrement à la poêle dans le beurre.

Déglacer avec du vin blanc (5 cl).

Retirer les oignons et faire sauter les pommes de terre, lorsqu’elles sont bien dorées, ajouter les oignons.

Saler, poivrer.

Faire revenir l'ensemble pendant quelques petites minutes.

Ajustez l'ensemble sur un plat et décorez à votre goût.

Pommes de terre au basilic

Pour 4 personnes
Préparation : 15 minutes
Cuisson : 30 minutes

Ingrédients :

- 1 kg de pommes de terre
- 30 g de beurre
- 3 c.s. d'huile d'olive
- 2 oignons
- 3 gousses d'ail
- quelques feuilles de basilic

Peler les pommes de terre et les couper en rondelles régulières.

Faire revenir les pommes de terre dans une poêle avec le beurre et l'huile d'olive pendant 10 minutes en surveillant et en remuant.

Saler et poivrer.

Couper l'oignon en fines rondelles puis faire revenir avec les pommes de terre. En fin de cuisson, ajouter l'ail et le basilic hachés et un beau filet d'huile d'olive.

Servir avec une viande blanche sautée minute (juste poêlée).

Sauté de pommes de terre aux fèves

Pour 4 personnes
Préparation : 20 minutes
Cuisson : 35 minutes

Ingrédients :

- 400 g de petites pommes de terre nouvelles
- 400 g de fèves tendres
- 3 petits oignons nouveaux
- 1 gousse d'ail
- 2 branches de coriandre
- sel et poivre

Après avoir blanchi les fèves, les faire refroidir dans de l'eau avec des glaçons pour conserver la couleur. (Penser à retirer la peau des fèves.)

Brosser et laver les pommes de terre sous l'eau et les couper en quartiers.

Dans une cocotte, faire revenir dans l'huile d'olive les quartiers de pommes de terre, les oignons et l'ail hachés, saler et poivrer, et ajouter les fèves en fin de cuisson.

Faire cuire à couvert environ 20 minutes.

Le conseil :

Parsemer de coriandre avant de servir avec du haddock fumé, par exemple.

Crique ardéchoise

Pour 4 personnes - Préparation : 30 minutes - Cuisson : 20 minutes

Ingrédients :

- 4 grosses pommes de terre
- 2 œufs
- 15 cl de crème fraîche
- 1 gousse d'ail, quelques brins de persil
- 2 c.s. d'huile
- sel et poivre

Laver et éplucher les pommes de terre, ne pas les remettre dans l'eau. Râper les pommes de terre épluchées à l'aide d'une râpe à fromage ou d'une râpe fine du robot (la même que pour les carottes).

Ajouter à cette préparation les œufs battus, la crème, l'ail pilé, le persil finement haché au préalable et le sel. Bien mélanger l'ensemble.

Faire chauffer l'huile dans une poêle et, lorsque celle-ci est bien chaude, former une galette pas trop épaisse. Faire cuire de chaque côté pendant 6 à 8 minutes environ. Après cuisson, éponger sur du papier absorbant.

Crique aux carottes

Pour 4 personnes - Préparation : 10 minutes - Cuisson : 20 minutes

Ingrédients :

- 4 grosses pommes de terre
- 3 ou 4 carottes
- 3 œufs
- 100 g de beurre
- sel et poivre

Éplucher les pommes de terre et les carottes, les passer sous l'eau et les râper assez grossièrement à l'aide d'une râpe à fromage ou d'un robot puis mélanger le tout.

Battre les œufs avec le sel et le poivre puis les verser dans le mélange. Faire chauffer le beurre dans une poêle et y verser le mélange en l'aplatissant pour former une galette régulière. Faire dorer à feu doux environ 20 minutes en retournant à mi-cuisson.

Pour ces deux recettes : Préparation de cuisson des criques : 2 branches de romarin à faire infuser dans l'huile d'olive mélangée à de l'ail écrasé. Faire chauffer l'ensemble, retirer le romarin et l'ail. Ensuite, faire cuire les pommes de terre dans l'huile infusée.

Galettes polonaises

Pour 4 personnes
Préparation : 20 minutes
Cuisson : 20 minutes environ

Ingrédients :

- 1,5 kg de pommes de terre
- 500 g d'aubergines
- 500 g de courgettes
- 1 oignon
- 2 œufs
- 3 c.s. de farine
- sel

Râper les aubergines et les courgettes bien lavées.

Éplucher et râper les pommes de terre crues.

Râper l'oignon. Mélanger le tout dans un saladier.

Poser 3-4 portions du mélange sur une poêle et dorer les deux côtés (épaisseur 4-5 mm).

Les galettes doivent être croustillantes. Attention : il ne faut pas les poser l'une sur l'autre.

On peut les déguster soit sucrées, avec du sucre ou de la crème fraîche et du sucre, soit salées, avec une sauce aux champignons ou accompagnée de blinis avec de la crème fraîche et du saumon fumé.

Rösti

Pour 6 personnes
Préparation : 30 minutes
Cuisson : 40 minutes

Ingrédients :

- 1 kg de pommes de terre
- 150 g de lardons fumés
- 75 g de beurre
- 1 c.s. d'huile
- sel et poivre

Faire cuire les pommes de terre en robe des champs. Les égoutter puis les peler une fois complètement refroidies. Les pommes de terre peuvent être cuites la veille et conservées au réfrigérateur.

Les râper à la grosse grille de la râpe de façon à former de longs copeaux bien détachés.

Faire revenir les lardons fumés dans le beurre et l'huile dans une grande poêle.

Étaler les pommes de terre râpées par-dessus en couche pas trop épaisse, saler et poivrer.

Laisser dorer longtemps, 20 minutes ou plus, à feu doux mais pas trop, sous un couvercle à trous à la dimension de la poêle – c'est meilleur !

Retourner la galette sur un plat et la faire glisser dans la poêle pour dorer l'autre côté environ15 minutes.

Le rösti se mange chaud et croustillant avec une salade et un petit vin blanc sec et fruité, comme la roussette de Savoie ou le pinot blanc d'Alsace.

Rösti se prononce "reucheti". C'est un mot suisse allemand, d'origine bernoise, des montagnes. Et ceux qui prétendent qu'on peut le faire avec des pommes de terre crues sont des Auvergnats qui ne savent rien de la Suisse…

Ragoût aux champignons

Pour 4 personnes
Préparation : 25 minutes
Cuisson : 35 à 40 minutes

Ingrédients :

- 700 g de pommes de terre
- 550 g d'un assortiment de champignons de Paris, cèpes et pleurotes
- 3 tomates pelées et concassées
- 3 gousses d'ail
- 1 feuille de laurier
- 15 cl de bouillon aux légumes
- quelques feuilles de persil
- 2 c.s. d'huile d'olive
- 10 cl de fond de veau
- sel et poivre

Éplucher les pommes de terre et les couper en morceaux.

Nettoyer les champignons sans les faire tremper et couper les plus gros en morceaux, les saisir rapidement à la poële avec l'huile d'olive et les égoutter pour retirer le surplus d'eau.

Couper l'ail menu.

Dans une grande poêle, verser l'huile d'olive et faire revenir à feu vif les pommes de terre jusqu'à ce qu'elles soient bien dorées.

Baisser le feu. Ajouter le laurier, l'ail, le bouillon et le fond de veau. Saler, poivrer et laisser cuire environ 5 minutes.

Incorporer les champignons dans les pommes de terre et laisser cuire 5 minutes.

Ajouter les tomates concassées. Ajouter les feuilles de persil.

Mélanger le tout et poursuivre la cuisson environ 20 minutes, jusqu'à ce que les pommes de terre aient absorbé tout le jus de cuisson.

Décorer avec le reste de persil et servir chaud en accompagnement d'une viande.

Gratin au vin de ma mère

Pour 6 personnes
Préparation : 30 minutes
Cuisson : 60 minutes
à four chaud, environ 200°

Ingrédients :

- 1 kg de pommes de terre farineuses
- 7 dl de vin blanc sec
- 2 c. s. de bouillon
- 200 g de lardons
- 200 g de fromage râpé type gruyère (*suisse évidemment*)
- sel
- poivre

Peler les pommes de terre et les couper en fines rondelles.

Faire revenir les lardons dans une poêle.

Beurrer un plat à gratin et y disposer les pommes de terre avec les lardons.

Préparer le bouillon et le mélanger au vin avec sel et poivre.

Verser ensuite le liquide (vin et bouillon) dans le plat à gratin.

Saupoudrer de fromage râpé pour gratiner.

Mettre au four et laisser cuire une heure environ.

Il n'y a plus qu'à manger cela accompagné d'un rôti de porc cuit au four.

Tatin de pommes au camembert

Pour 4 personnes
Préparation : 35 minutes
Cuisson : 40 minutes

Ingrédients :

- 1 kg de pommes de terre à chair ferme
- 1 **pâte feuilletée**
- 250 g de camembert (pas trop fait)
- 30 g de beurre
- 2 échalotes
- quelques brins de persil
- 1 œuf
- sel et poivre

Éplucher les pommes de terre et les faire cuire à l'eau.

Une fois tiédies, couper les pommes de terre en rondelles.

Ciseler les échalotes.

Préchauffer le four à th. 7.

Disposer les rondelles de pommes de terre en rond au fond du moule à tarte préalablement beurré et ajouter en pluie quelques morceaux d'échalotes. Saler et poivrer.

Couper le camembert avec sa croûte, en tranches fines, et poser celles-ci sur les pommes de terre puis placer le reste de pommes de terre au-dessus, de sorte que le fromage soit recouvert.

Recouvrir le tout avec la pâte feuilletée en rentrant bien les bords de la pâte à l'intérieur du moule.

Faire dorer la surface en passant du jaune d'œuf. Puis faire cuire au four environ 15 minutes, jusqu'à ce que la pâte soit belle et bien dorée.

Servir très chaud, en retournant la tarte sur un plat.

Le conseil :

Parsemer de cazette (noisettes torréfiées).

Moulé de pommes de terre aux poireaux et pain d'épices

Pour 4 personnes
Préparation : 20 minutes
Cuisson : 40 minutes

Ingrédients :

- 800 g de pommes de terre
- 2 blancs de poireaux
- 100 g de beurre
- 60 g de parmesan râpé
- chapelure de pain d'épices
- sel et poivre

Nettoyer les poireaux et réserver les blancs. Émincer et faire fondre à la poêle à feu très doux pendant 15 minutes environ avec un peu de beurre.

Éplucher la peau des pommes de terre et les couper en rondelles très fines.

Verser les pommes de terre dans un récipient avec l'émincé de poireaux et le parmesan râpé.

Arroser avec 80 g de beurre fondu.

Saler, poivrer et mélanger pour que la préparation soit bien imprégnée de beurre et ajouter la chapelure.

Verser dans un grand moule rond, chemiser le moule (le beurrer) et bien tasser la préparation.

Mettre au four à th. 7 et laisser cuire pendant environ 30 minutes avant de servir chaud.

Servir avec un poisson ou une viande blanche.

Le conseil :

La chapelure de pain d'épices : 2 tranches de pain d'épices chauffé au four et mixé.

Gratin dauphinois façon Jean-Luc

Pour 6 personnes
Préparation : 20 minutes
Cuisson : 40 minutes

Ingrédients :

- 1 kg de pommes de terre
- ½ l de lait demi-écrémé
- 1 œuf
- 2 c.s. de crème fraîche
- 20 g de beurre
- 4 tranches de jambon de Savoie cru fumé
- 200 g de gruyère râpé
- 1 gousse d'ail
- 1 pincée de muscade en poudre
- sel et poivre

Éplucher et couper les pommes de terre en fines rondelles. Préchauffer le four à th. 6 (180°C).

Faire chauffer du lait dans un faitout avec le sel, le poivre, la noix de muscade râpée et le jambon haché. Lorsque le lait est chaud, mettre les pommes de terre et laisser bouillir 5 minutes.

Ajouter dans la préparation chaude 150 g de gruyère râpé, la crème et l'œuf battu.

Ailler un plat à gratin, le beurrer et verser la préparation dans le plat.

Saupoudrer le reste du gruyère râpé sur le plat et agrémenter de quelques noisettes de beurre.

Mettre au four à th. 6 pendant environ 40 minutes.

Gratin savoyard

Pour 4 personnes
Préparation : 20 minutes
Cuisson : 1 h

Ingrédients :

- 1 kg de pommes de terre
- 30 g de beurre
- 150 g de tomme de Savoie
- 1 l de bouillon de volaille
- sel et poivre

Éplucher et couper les pommes de terre en fines rondelles.

Beurrer un plat à gratin.

Garnir le fond du plat d'une couche de pommes de terre et recouvrir de tomme de Savoie coupée en lamelles.

Continuer par couches successives en terminant par le fromage.

Saler, poivrer entre les couches.

Verser le bouillon dans le plat, parsemer de noisettes de beurre.

Mettre au four à th. 6 pendant environ 1 h.

Pâté aux pommes de terre d'Auvergne

Pour 4 personnes
Préparation : 20 minutes
Cuisson : 40 minutes

Ingrédients :

- 6 pommes de terre
- 1 pâte feuilletée
- 20 cl de crème fraîche
- 60 g de beurre
- 1 jaune d'œuf
- 3 échalotes
- 1 gousse d'ail
- fleur de thym séchée
- quelques feuilles de persil
- quelques brins de ciboulette
- sel et poivre

Préparer une pâte feuilletée surgelée ou non.

Éplucher les pommes de terre et les couper en fines rondelles.

Émincer les échalotes, hacher les fines herbes et l'ail, saler, poivrer et mélanger aux pommes de terre.

Garnir le fond d'un moule à tarte avec la moitié de la pâte feuilletée et mettre le reste de côté.

Disposer les rondelles de pommes de terre et ajouter le beurre.

Recouvrir avec le reste de la pâte en fermant bien les bords et créer une cheminée au centre *(faire un trou d'un demi centimètre de diamètre et glisser à l'intérieur de ce trou un petit rouleau de papier d'aluminium afin de garder la forme ronde)*.

Mettre au four à th. 6-7 pendant 40 minutes.

Assaisonner la crème fraîche avec le sel et le poivre et la verser délicatement par la cheminée.

Servir bien chaud.

Gratin d'aubergines et polenta

Pour 4 personnes
Préparation : 25 minutes
Cuisson : 20 minutes

Ingrédients :

- 2 grosses pommes de terre
- 500 g d'aubergines
- 150 g de polenta
- 5 cs de coulis de tomates
- 1 échalote
- 2 œufs
- 1 cs d'huile d'olive
- 1 branche de thym
- 50 g de gruyère râpé
- sel et poivre

Peler les aubergines et les couper en morceaux.

Faire chauffer l'huile d'olive dans une poêle et y faire revenir l'échalote hachée et les morceaux d'aubergines pendant 5 minutes à feu doux.

Faire cuire les pommes de terre à l'eau, les faire refroidir, puis les couper en dés et les faire sauter dans l'huile d'olive, les égoutter, puis les mélanger à la préparation.

Rincer la polenta, la mettre dans une casserole et recouvrir de 1,5 à 2 fois son volume d'eau. Faire cuire à feu doux pendant 15 minutes puis égoutter.

Battre les œufs en omelette, saler, poivrer, mélanger à la polenta et aux aubergines. Ajouter le coulis de tomates. Bien mélanger et verser le tout dans un plat à gratin.

Ajouter le thym, parsemer de gruyère râpé et faire cuire au four à 180°C pendant 20 minutes.

Le conseil :

À la cuisson de la polenta, ajouter 1 c.c. d'huile d'olive.

Tartiflette

(Recette savoyarde)

Pour 4 personnes
Préparation : 10 minutes
Cuisson : 1 h

Ingrédients :

- 1 kg de pommes de terre à chair ferme
- 1 reblochon
- ½ verre de vin blanc sec de Savoie
- 30 g de beurre
- 150 g de lardons
- 1 oignon
- 2 c.s. de crème fraîche
- sel et poivre

Éplucher les pommes de terre et les cuire à l'eau.

Égoutter et couper en tranches épaisses.

Couper l'oignon en rondelles et le faire revenir dans une marmite avec du beurre, ajouter les lardons et les pommes de terre.

Saler et poivrer et laisser mijoter 5 minutes.

Ajouter ½ verre de vin blanc.

Verser le tout dans un plat à gratin. Étaler la crème fraîche.

Gratter légèrement le reblochon, le couper dans le sens de l'épaisseur et l'étendre sur les pommes de terre, la croûte vers le haut.

Mettre la tartiflette au four à th. 7 jusqu'à ce que le reblochon soit bien fondu.

Gratin de purée aux haricots verts

Pour 4 personnes
Préparation : 30 minutes
Cuisson : 30 minutes

Ingrédients :

- 500 g de pommes de terre (BF15, belle-de-Fontenay)
- 500 g de haricots verts
- 2 œufs
- 4 c.s. de parmesan râpé
- 50 g de crème fleurette
- quelques feuilles de persil haché
- 2 c.s. d'huile d'olive
- chapelure
- sel et poivre

Éplucher et faire cuire à l'eau bouillante salée les pommes de terre et les haricots verts. Puis mixer les haricots verts et écraser les pommes de terre, et mélanger le tout avec les œufs légèrement battus, le parmesan râpé, le persil haché et le poivre.

Verser la préparation dans un moule à gâteau ou un plat à gratin.

Saupoudrer de chapelure. Arroser d'un filet d'huile d'olive.

Mettre au four à th. 5 pendant environ 20 minutes.

Les conseils :

Ne pas cuire les pommes de terre et les haricots verts ensemble.
La cuisson des pommes de terre est démarrée à froid et la cuisson des haricots verts est démarrée à chaud (refroidir aussitôt les haricots verts, dans l'eau avec un peu de glaçons, pour fixer la couleur).

Gratin
façon portugaise

Pour 4 personnes
Préparation : 15 minutes
Cuisson : 1 h

Ingrédients :

- 400 g de pommes de terre nouvelles
- 300 g d'oignons
- 300 g de tomates
- 300 g de courgettes
- 300 g d'aubergines émincées
- 3 c.s. d'huile d'olive
- 30 cl de bouillon de légumes
- quelques feuilles de persil
- ail
- sel et poivre

Éplucher et laver les légumes et les pommes de terre. Découper les pommes de terre en rondelles régulières, ni trop épaisses ni trop fines.

Huiler un plat à gratin et disposer les légumes préparés et découpés en rangées en les faisant se chevaucher comme pour une tarte aux pommes.

Arroser d'un peu d'huile et du bouillon de légumes.

Saler et poivrer.

Mettre au four à th. 6 et laisser cuire pendant une heure.

Lasagnes de pommes de terre

Pour 4 personnes
Préparation : 35 minutes
Cuisson : 30 minutes

Ingrédients :

- 8 grosses pommes de terre
- 6 tomates moyennes
- 200 g de champignons de Paris
- 3 c.s. d'huile d'olive
- 1 gousse d'ail
- sel et poivre

Faire cuire les pommes de terre en robe des champs dans l'eau salée. Les laisser bien refroidir avant de les peler et les couper en rondelles assez épaisses.

Couper les tomates en rondelles, les placer dans un plat allant au four et les laisser cuire à four doux pendant 50 minutes environ.

Poêler les champignons dans une poêle très chaude (fumante) afin qu'ils gardent leur couleur et leur saveur.

Ensuite faire revenir dans une poêle les pommes de terre coupées en rondelles avec l'huile d'olive.

Couper l'ail très menu.

Dans un plat à lasagnes, disposer alternativement une couche de pommes de terre, puis de tomates, d'ail, et enfin les champignons.

Arroser avec l'huile d'olive. Saler, poivrer.

Avant de replacer au four à th. 7 pendant 15 à 20 minutes environ, mettre quelques feuilles de basilic déshydraté (pas de basilic frais) et ajouter de la fleur de thym.

Pommes de terre
à la bûchette de chèvre

Pour 4 personnes
Préparation : 35 minutes environ
Cuisson : 45 minutes environ

Ingrédients :

- 1,2 kg de pommes de terre roseval
- 2 oignons
- bûchette de chèvre
- ½ l de lait demi-écrémé
- 30 g de farine
- 30 g de beurre
- sel et poivre

Faire cuire les pommes de terre épluchées. Dans une casserole, préparer la béchamel, faire fondre le beurre et faire dorer les oignons préalablement hachés.

Ajouter la farine et mélanger à l'aide d'une cuillère en bois quelques minutes pour cuire la farine sans coloration.

Verser le lait petit à petit sans cesser de mélanger pour obtenir une béchamel onctueuse.

Incorporer à la béchamel la bûchette de chèvre découpée en morceaux.

Remuer pour la faire fondre.

Couper les pommes de terre en tranches épaisses, les disposer dans un plat à gratin beurré et recouvrir de la béchamel.

Mettre au four à th. 6 pendant environ 30 minutes.

Le conseil :

Faire cuire le roux (beurre + farine). Laisser cuire doucement. Incorporer ensuite le lait et les oignons.
Faire rissoler les oignons à part avec du beurre et de l'huile d'olive.

Pommes de terre aux cèpes

Pour 4 personnes
Préparation : 40 minutes
Cuisson : 40 minutes

Ingrédients :

- 800 g de pommes de terre
- 300 g de cèpes
- 1 échalote
- 1 c.s. d'huile
- 50 g de beurre
- 1 verre de vin blanc
- sel et poivre

Nettoyer les cèpes et les faire revenir quelques minutes à la poêle à feu vif dans un peu de beurre jusqu'à évaporation de leur eau.

Saler, poivrer et ajouter l'échalote hachée en faisant cuire encore 2 à 3 minutes à feu doux.

Peler les pommes de terre non cuites et les découper en fines rondelles, les faire revenir à la poêle avec moitié huile, moitié beurre, saler et poivrer.

Beurrer un moule rond puis disposer au fond deux couches de rondelles de pommes de terre en forme de rond.

Placer au-dessus les cèpes puis placer une autre rangée de pommes de terre. Presser un peu la préparation avant d'enfourner.

Faire cuire au four à th. 7 pendant environ 30 minutes et servez chaud.

Le conseil :

Couvrir les pommes de terre à mi-hauteur avec le vin et faire cuire à couvert. À mi-cuisson, on retire le couvercle. Vérifier la cuisson en plantant délicatement la pointe d'un couteau dans la pomme de terre, il ne doit pas y avoir de résistance.

Pommes de terre forestières

Pour 4 personnes
Préparation : 10 minutes
Cuisson : 1 h

Ingrédients :

- 800 g de petites pommes de terre
- 3 c.s. d'huile d'olive
- 100 g de lardons
- 150 g de champignons
- quelques feuilles de persil
- 10 g de beurre
- 1 gousse d'ail
- 50 g d'oignons grelots (oignons blancs)
- sel et poivre

Nettoyer les champignons en coupant les queues et les faire sauter dans une poêle avec le beurre pour qu'ils rendent leur eau.

Laver les pommes de terre. Dans un plat à four, disposer les pommes de terre, arroser d'huile d'olive et remuer pour que les pommes de terre soient bien enrobées.

Ajouter les lardons, le sel et le poivre, puis les petits oignons grelots.

Mettre la préparation au four à th. 5.

À mi-cuisson, c'est-à-dire au bout de 30 minutes, retourner les pommes de terre et ajouter les champignons et l'ail haché. Poursuivre la cuisson environ 30 minutes et ajouter le persil.

Pommes de terre à l'ail et au romarin

Pour 4 personnes
Préparation : 30 minutes
Cuisson : 40 minutes

Ingrédients :

- 1 kg de petites pommes de terre nouvelles
- 3 gousses d'ail
- 15 cl de bouillon de poule
- quelques brins de romarin
- 80 g d'huile d'olive (un petit verre)
- sel et poivre

Éplucher les pommes de terre et les couper en morceaux.

Faire revenir les pommes de terre à la poêle dans l'huile d'olive, en remuant de temps en temps, jusqu'à ce qu'elles soient bien dorées. Ajouter le bouillon et faire cuire à feu doux pendant 5 minutes.

Déposer les pommes de terre avec leur jus de cuisson dans un plat à four déjà bien chaud.

Ajouter le romarin et les gousses d'ail coupées en morceaux généreux.

Saler et poivrer.

Recouvrir la préparation d'un papier d'aluminium et laisser cuire environ 35 minutes jusqu'à ce que les pommes de terre soient cuites.

Fleurs de pommes de terre à la coriandre

Pour 4 personnes
Préparation : 20 minutes
Cuisson : 15 minutes

Ingrédients :

- 800 g de pommes de terre à chair ferme
- 80 g de beurre fondu
- quelques branches de coriandre
- noix de muscade
- sel, poivre

Émincer les pommes de terre à cru. Faire une rosace de pommes de terre (rondelle de 1 mm), les parsemer de safran (ou de poudre à paella), les placer sur une plaque recouverte d'un papier d'aluminium et les passer au four pendant une minute.

Passer ensuite les rosaces à la poêle au beurre de Guérande avec un trait d'huile d'olive et les colorer en y ajoutant la coriandre.

Servir avec du poisson.

Barillet aux deux pommes en mousse de carottes

Recette élaborée par le chef René Poulin, hôtel Delta, Sherbrooke, Québec et diffusée par la Fédération des producteurs de pommes de terre du Québec

Pour 4 personnes

Ingrédients :

- 2 pommes de terre jaunes*
- 2 pommes rouges (fruit)
- 1 blanc d'œuf
- 2 carottes moyennes
- 15 ml (1 c.s.) de yogourt
- 2 ml (½ c. à thé) de miel
- 1 blanc d'œuf
- 15 ml (1 c.s.) de thym frais haché
  ou autres herbes (fenouil, menthe, ciboulette, persil)
- ½ citron
- sel et poivre au goût

Couper les pommes de terre à 5 mm d'épaisseur. Couper les pommes (fruit) à 5 mm d'épaisseur et les passer au jus de citron.
Faire cuire les carottes et en faire une purée, ajouter le yogourt, le miel, le blanc d'œuf, le sel, le poivre et les fines herbes.
Avec un emporte-pièce** de 4 cm de largeur, couper les pommes de terre et les pommes (fruit) déjà tranchées.
Prendre 4 ronds de pommes de terre et les déposer dans un plat allant au four. Couper le centre de chacun des ronds de 4 cm avec un emporte-pièce de 2 cm (beigne), les enrober tous de blanc d'œuf et les monter les uns sur les autres en alternant pommes de terre et pommes (fruit).
Remplir de la farce de carottes et cuire au four à 150°C (300°F) pendant 20 minutes.

* *La* pomme de terre jaune, *normalement, est une Yukon Gold.*

** *Petit outil permettant de faire un trou dans un légume ou un fruit.*

Pommes de terre façon cajun

Pour 4 personnes
Préparation : 25 minutes environ
Cuisson : 35 minutes environ

Ingrédients :

- 4 grosses pommes de terre dans leur peau coupées en morceaux
- 1 citron
- 8 gousses d'ail dans leur peau
- 2 oignons
- 2 feuilles de laurier et un peu de thym
- 1 c.s. de concentré de tomates
- 3 c.s. d'huile d'olive
- 1 belle pincée de paprika
- 1 pincée d'origan séché
- 1 pincée de cumin moulu
- poivre de Cayenne selon le goût
- sel de Camargue ou de Guérande

Laver les pommes de terre non pelées et les couper en quartiers.

Plonger les quartiers dans une casserole d'eau froide salée, à l'ébullition cuire pendant 2 à 3 minutes. Égoutter les pommes de terre avant de les disposer dans un grand plat à four.

Couper le citron et couper les oignons en petits quartiers.

Ajouter dans le plat les gousses d'ail entières non pelées, les feuilles de laurier, le citron et les oignons.

Dans un bol, mélanger le jus de citron et le concentré de tomates, ajouter un peu d'eau puis les épices et les fines herbes et mélanger.

Verser la préparation sur les pommes de terre et bien remuer afin que les pommes de terre soient bien enrobées.

Mettre un filet d'huile d'olive et enfourner à th. 7 pendant environ 40 minutes. Remuer régulièrement. Lorsque les pommes de terre ont absorbé tout le liquide, vous pouvez servir !

Pommes de terre à l'aïoli

Pour 4 personnes
Préparation : 30 minutes
Cuisson : 55 minutes

Ingrédients :

- 800 g de pommes de terre
- 4 gousses d'ail
- 1 jaune d'œuf
- 25 cl d'huile d'olive
- 1 pointe de safran
- sel

Peler les pommes de terre et les faire cuire à l'eau salée.

Utiliser un mortier de pierre, de marbre ou de bois, un pilon, une bonne huile d'olive et veiller à ce que tous les ingrédients, ail, huile, œuf, soient à température ambiante.

Éplucher l'ail, ôter le germe et le piler avec une pincée de sel jusqu'à ce qu'il soit réduit en pommade fine et onctueuse.

Incorporer le jaune d'œuf et verser un filet d'huile d'olive et la pointe de safran, tout en tournant. Procéder comme pour une mayonnaise.

Continuer à verser l'huile d'olive en petits filets et à tourner jusqu'à ce que la préparation prenne du volume et devienne bien ferme.

Placer l'aïoli au réfrigérateur.

Égoutter les pommes de terre et servir avec l'aïoli.

Robes des champs
à la crème ciboulette

Pour 4 personnes
Préparation : 15 minutes
Cuisson : 30 minutes

Ingrédients :

- 800 g de pommes de terre
- 250 g de fromage blanc onctueux (à 40%)
- 50 g de crème fraîche
- 2 échalotes
- quelques brins de ciboulette
- ½ citron
- sel et poivre

Faire cuire les pommes de terre en robe des champs.

Préparer l'accompagnement : mélanger le fromage blanc, la crème fraîche, les échalotes hachées menu, la ciboulette finement ciselée et le jus de citron, saler et poivrer. Mettre au réfrigérateur.

Égoutter les pommes de terre et les servir bien chaudes, soit entières, soit coupées en deux dans le sens de la longueur, avec la crème ciboulette dans un ramequin.

Le conseil :

Vous pouvez améliorer cette recette avec 1 c.c. de caviar mélangée à l'ensemble ou avec un émincé de saumon fumé.

Croquettes de pommes de terre

Pour 4 personnes
Préparation : 40 minutes
Cuisson : 20 minutes

Ingrédients :

- 1 kg de pommes de terre
- 100 g de beurre
- 2 œufs et 2 jaunes
- huile pour friture
- 1 pincée de noix de muscade
- poudre d'amande
- sel et poivre

Peler les pommes de terre et les couper en morceaux. Faire cuire à l'eau salée pendant 15 minutes et égoutter.

Dans un saladier, écraser les pommes de terre à la fourchette et incorporer le beurre, le sel, le poivre et la noix de muscade.

Casser 2 œufs et ajouter 2 jaunes d'œufs.

Bien mélanger le tout.

Avant de rouler les pommes de terre dans la poudre d'amande, les passer au blanc d'œuf, afin que la poudre d'amande tienne bien.

Former des croquettes de la grosseur d'un œuf et les rouler sur un linge ou une planche saupoudrés de poudre d'amande.

Plonger les croquettes dans la friture bouillante et laisser dorer 5 minutes.

Purée de pommes de terre aux truffes selon le père Vitus

Pour 6 personnes
Préparation : 20 minutes
Cuisson : 15 minutes environ

Ingrédients :

- 1 kg de pommes de terre bintje
- 200 g de beurre baraté
- 150 g de crème liquide
- 300 g de truffes noires avec leur jus
- sel et poivre du moulin

Faire cuire les pommes de terre dans une grande casserole d'eau salée.

Surveiller à la pointe du couteau. Égoutter et éplucher.

Écraser à la fourchette (surtout ne pas mixer). Ajouter le beurre.

Détendre à la crème en ajoutant 1 c.c. de jus de truffe.

Saler, poivrer. Ajouter les truffes coupées en julienne.

Réchauffer à feu doux.

Servir avec un foie gras poêlé à sec, avec fleur de sel et poivre.

Croquettes de Pologne

Pour 4 personnes
Préparation : 20 minutes
Cuisson : 20 minutes environ

Ingrédients :

Pour la pâte :

- 1 kg de pommes de terre
- 1 oignon
- 2 œufs
- 1 c.s. de crème fraîche
- sel et poivre

Pour la chapelure :

- 1 œuf battu avec une fourchette + la chapelure

Faire cuire les pommes de terre, les mixer ou bien écraser.

Ajouter 2 œufs, la crème fraîche, l'oignon, la farine, le sel et le poivre.

Former à la main des boulettes ovales de 3 x 4 cm et de 1 cm d'épaisseur.

Mouiller dans l'œuf battu et rouler dans la chapelure.

Dorer sur poêle très chaude avec de l'huile.

Servir comme une garniture de la viande.

Quenelles de pommes de terre

Pour 4 personnes
Préparation : 25 minutes
Cuisson : 30 minutes

Ingrédients :

- 8 belles pommes de terre bintje
- 3 œufs
- 100 g de farine
- 2 oignons
- 60 g de beurre
- 1 petit pot de crème fraîche (20 cl)
- râpée de noix de muscade
- 4 tranches de pain de mie
- sel et poivre

Faire cuire la moitié des pommes de terre non épluchées mais bien lavées dans de l'eau bouillante.

Quand les quatre pommes de terre sont cuites, enlever la peau et passer au moulin à légumes.

Éplucher les autres non cuites et les râper en les essuyant bien.

Battre les œufs. Bien mélanger les pommes de terre crues avec la purée dans une terrine puis y ajouter la farine et les œufs battus.

Saler, poivrer et ajouter de la muscade.

Vous devez avoir une pâte qui se tient bien, souple et qui ne colle pas. Ensuite travailler la pâte sur une surface farinée en lui donnant la forme de quenelle.

Faire cuire (blondir), dans du beurre, les oignons que vous aurez finement hachés.

Ajouter la crème et bien unifier en mélangeant. Garder les oignons bien au chaud.

Faire dorer dans du beurre les tranches de pain que vous aurez découpées en petits dés.

Faire pocher les quenelles de pommes de terre dans l'eau bouillante pendant 9 minutes (environ), les égoutter et les déposer sur un plat. Recouvrir les quenelles de la préparation oignons-crème et ajouter les dés de pain dorés.

Ajouter du poivre moulu. Servir chaud.

Kopytka

ou gnocchis polonais

Pour 4 personnes
Préparation : 20 minutes
Cuisson : 20 minutes environ

Ingrédients :

- 1 kg de pommes de terre
- 1 œuf
- 300 g de farine

Éplucher et faire cuire les pommes de terre, les mixer ou bien écraser.

Ajouter l'œuf et la farine.

Former sur la table de travail une boule de pâte dense en faisant des rouleaux de 2 cm de diamètre, les couper en biais en morceaux de 3 cm de longueur.

Jeter dans l'eau bouillante salée et laisser cuire environ 2 minutes ; les morceaux remontent à la surface.

Deux sauces possibles :

1- Fondre des lardons fumés avec un oignon haché, en arroser les gnocchis.
2- Fondre 2 c.c. de beurre et un peu d'huile.
Éteindre le feu.
Ajouter 2 c.s. de chapelure.
Mélanger. Si la sauce est trop épaisse, ajouter de l'huile.
Servir avec du poisson ou une viande.

Un délice !

Soufflé de pommes de terre aux dés de comté

Pour 4 personnes
Préparation : 20 minutes
Cuisson : 45 minutes

Ingrédients :

- 1 kg de pommes de terre à chair farineuse
- 3 œufs
- 50 g de beurre
- 1 verre de lait
- 50 g de comté en dés
- sel et poivre

Peler les pommes de terre et les faire cuire dans l'eau salée.

Réduire en purée puis ajouter le beurre, le lait chaud et le jaune des œufs.

Réserver le blanc.

Saler, poivrer, bien mélanger et maintenir au chaud.

Monter les blancs en neige avec une pincée de sel puis les incorporer délicatement à la purée.

Préchauffer le four th. 7.

Beurrer un moule à soufflé et verser la préparation.

Agrémenter de comté et de noisettes de beurre.

Faire cuire pendant environ 25 minutes et servir tout de suite.

Le conseil :

Préférer le fromage en dés au fromage râpé.

Pommes de terre au lait et lait de coco

Pour 4 personnes
Préparation : 10 minutes
Cuisson : 40 minutes

Ingrédients :

- **800 g de pommes de terre moyennes**
- 20 cl de lait demi-écrémé
- 20 cl de lait de coco
- 20 g de beurre
- 2 g de poudre de réglisse *(1 pincée)*
- sel et poivre

Éplucher les pommes de terre, les laver et les couper en deux.

Beurrer un plat à four et disposer les pommes de terre à l'intérieur.

Recouvrir de lait, saler et poivrer.

Ajouter le beurre en petites noisettes, la pincée de réglisse et faire cuire environ 40 minutes au four à th. 7.

Servir avec un poisson style créole.

Omelette de pommes de terre au thym

Pour 4 personnes
Préparation : 15 minutes
Cuisson : 35 minutes

Ingrédients :

- 150 g de pommes de terre
- 4 œufs
- 2 oignons nouveaux
- 32 escargots de Bourgogne
- 3 c.s. d'huile d'olive
- quelques brins de thym en fleur
- sel et poivre

Peler les pommes de terre et les couper en petits dés.

Émincer les oignons.

Raidir les escargots de Bourgogne en premier au beurre d'ail, les égoutter pour récupérer le beurre.

Battre les œufs pour l'omelette, saler et poivrer et ajouter le beurre pour le jus (ne pas faire bouillir).

Dans une poêle, faire chauffer l'huile d'olive et faire dorer les oignons.

Ajouter les pommes de terre et laisser cuire à feu doux pendant environ 20 minutes.

Incorporer le thym effeuillé et les fleurs de thym et mélanger.

Verser les œufs battus et laisser cuire 5 à 10 minutes dans la poêle.

Dresser l'omelette au centre de l'assiette et mettre le jus autour.

Œufs au nid

Pour 4 personnes
Préparation : 5 minutes
Cuisson : 15 minutes

Ingrédients :

- 1 kg de pommes de terre
- 8 œufs
- 40 g de beurre
- 40 cl de lait demi-écrémé
- cheveux d'ange *(rayon asiatique)*
- 2 c.s. de chapelure
- noix de muscade
- sel et poivre

Préparer une purée :

Faire cuire les pommes de terre à l'eau, puis les écraser en ajoutant le beurre, le lait, du sel, du poivre et un peu de noix de muscade râpée.

Préchauffer le four à th. 7.

Beurrer un plat allant au four et étaler la purée en formant une couche assez épaisse.

Former 8 petits nids avec une petite louche.

Mettre le plat quelques minutes dans le four et attendre que la purée soit très chaude.

Sortir alors le plat et casser aussitôt un œuf dans chaque nid.

Saler et poivrer les œufs et parsemer la purée de chapelure.

Mettre le four en position gril à th. 9 et enfourner la préparation pendant 5 minutes jusqu'à ce que le blanc des œufs soit cuit.

Le conseil :

En fin de cuisson, recouvrir d'une touffe de cheveux d'ange et passer au four très chaud.

Œufs à la coque
de pommes de terre

Pour 4 personnes
Préparation : 10 minutes
Cuisson : 1 h 30

Ingrédients :

- 4 grosses et larges pommes de terre
- 40 g de beurre
- crème fleurette liquide
- 4 œufs
- 10 g de truffes grillées
- sel et poivre

Laver les pommes de terre puis, d'un trait léger de couteau, tracer une entaille tout autour dans le sens de la longueur, afin de dessiner le couvercle.

Envelopper chaque pomme de terre dans du papier d'aluminium.

Mettre au four pendant 1 h 30 (four bien chaud).

Sortir les pommes de terre de leur papillote. Enlever le couvercle puis évider l'intérieur délicatement avec une petite cuillère.

Dans chaque coque de pomme de terre, mettre une noisette de beurre et casser un œuf.

Saler, poivrer. Couvrir avec la partie enlevée pour former le couvercle.

Beurrer un plat et y déposer la préparation. Faire cuire au four à th. 8 pendant 5 minutes.

Le conseil :

Mettre un peu de truffes en brisure au fond de la pomme de terre. On ajoute de l'œuf, la crème fleurette liquide et on parsème du reste de truffes dessus.

Pommes de terre aux œufs et aux poivrons

Pour 4 personnes
Préparation : 20 minutes
Cuisson : 40 minutes

Ingrédients :

- 1 kg d'aubergines
- 4 pommes de terre
- 3 tomates
- 2 poivrons rouges
- 4 gousses d'ail
- 50 g d'huile d'olive
- 4 œufs
- 1 trait de vinaigre de Xérès
- sel et poivre

Éplucher les pommes de terre et les couper en gros dés.

Couper les tomates en quartiers.

Épépiner les poivrons et découper de fines lanières.

Dans une grande poêle, faire chauffer l'huile d'olive et faire revenir les légumes.

Ajouter les gousses d'ail entières, saler, poivrer.

Bien mélanger et laisser cuire à feu doux environ 30 minutes.

Lorsque les légumes sont cuits, casser les œufs directement dans la poêle et laisser cuire jusqu'à ce que les blancs soient pris.

Saler et poivrer les œufs et servir aussitôt.

Les conseils :

Éplucher les poivrons avant de les cuisiner.
Un trait de vinaigre de Xérès quand les poivrons sont cuits avant d'y ajouter les œufs.

Trumfes fadrines

ou Pommes de terre seules - Recette catalane

Pour 4 personnes
Préparation : 30 minutes
Cuisson : 30 minutes

Ingrédients :

- 1 kg de pommes de terre à chair ferme
- 1 tranche de jambon de pays
- 1 c.s. de farine
- 1 c.s. d'huile d'olive
- 1 c.s. de saindoux
- 2 jaunes d'œufs
- 1 fond de volaille
- 5 gousses d'ail
- 2 feuilles de laurier
- 2 branches de persil
- sel et poivre

Éplucher les pommes de terre et les couper en rondelles épaisses.

Préparer une persillade avec l'ail et le persil hachés.

Dans une grande poêle, faire un roux blanc avec le saindoux et la farine, mettre le fond blanc de volaille puis mélanger le jambon cru haché, les rondelles de pommes de terre et la persillade.

Mouiller jusqu'à hauteur des pommes de terre et porter à ébullition sur feu vif.

Saler, poivrer et ajouter 2 feuilles de laurier et l'huile d'olive.

Maintenir à ébullition rapide à couvert et laisser cuire 15 à 20 minutes.

Au moment de servir, lier la sauce avec 2 jaunes d'œufs battus dans le plat de service.

Servir immédiatement.

Velouté de patates douces

Pour 4 personnes
Préparation : 20 minutes
Cuisson : 30 minutes

Ingrédients :

- 4 patates douces et 2 pommes de terre
- 2 l de bouillon de légumes
- 200 ml de crème
- 4 gousses d'ail, 1 oignon, sel et poivre

Peler les patates douces et les pommes de terre et les couper en morceaux.
Hacher l'oignon et l'ail et verser le tout dans une grande casserole.
Mouiller avec le bouillon de légumes et faire cuire à feu doux pendant 30 minutes environ.
Passer le tout au mixeur, ajouter la crème, saler et poivrer.
Mettre au réfrigérateur et servir froid.

Purée de céleri-rave et patates douces

Pour 4 personnes
Préparation : 15 minutes
Cuisson : 20 minutes

Ingrédients :

- 1 céleri-rave et 2 petites patates douces
- 30 g de beurre
- quelques branches de persil
- sel et poivre

Éplucher les patates douces et le céleri-rave et les couper en morceaux. Faire cuire dans l'eau salée.

Égoutter et écraser les légumes pour en faire une purée, ajouter le beurre, saler et poivrer.
Bien mélanger pour que la purée soit onctueuse et décorer de persil haché.

Soupe de carottes
à la patate douce

Pour 4 personnes
Préparation : 10 minutes
Cuisson : 30 minutes

Ingrédients :

- 1 petite patate douce
- 5 carottes
- 1 l de lait demi-écrémé
- quelques branches de coriandre fraîche
- sel et poivre

Éplucher et couper les carottes et la patate douce en morceaux.

Les cuire dans le lait demi-écrémé environ 30 minutes à feu doux, saler, poivrer, puis passer le tout au mixeur.

Décorer de coriandre ciselée avant de servir.

Patates douces
à la coriandre

Pour 4 personnes
Préparation : 5 minutes
Cuisson : 20 minutes

Ingrédients :

- 2 petites patates douces
- 1 c.s. d'huile d'olive
- 1 poignée de coriandre fraîche
- sel et poivre

Peler les patates douces et les couper en rondelles moyennes.
Dans une grande poêle, faire chauffer l'huile d'olive et faire revenir les rondelles.
Bien dorer des deux côtés, saler, poivrer et laisser cuire jusqu'à ce que les patates soient tendres.
Au moment de servir, parsemer de coriandre ciselée.

Flan de patates douces

Pour 4 personnes
Préparation : 20 minutes
Cuisson : 50 minutes

Ingrédients :

- 600 g de patates douces
- 3 tranches de jambon blanc
- 40 g de beurre
- ½ verre de lait demi-écrémé
- 2 œufs
- 50 g de comté
- 1 c.s. de ciboulette
- sel et poivre

Faire cuire les patates douces à l'eau, les éplucher et les réduire en purée.
Hacher les tranches de jambon menu et les intégrer à la purée.
Ajouter 30 g de beurre, le lait et les jaunes d'œufs battus. Bien mélanger, saler et poivrer, ajouter la ciboulette. Battre les blancs en neige et les incorporer délicatement à la préparation.
Verser la préparation dans un moule beurré allant au four, parsemer de comté râpé et de noisettes de beurre.
Placer au four préalablement chauffé et faire cuire à th. 8 pendant 30 minutes environ. *(Surveiller la cuisson en plantant délicatement la pointe d'un couteau qui doit s'enfoncer sans résistance dans la patate.)*
Servir immédiatement.

Gâteau de patates douces

Recette martiniquaise

Pour 6 personnes
Préparation : 30 minutes
Cuisson : 1 h

Ingrédients :

- 5 patates douces moyennes
- 5 œufs
- 3 c.s. de sucre roux
- 1 c.s. bombée de farine
- 10 cl de lait demi-écrémé
- 2 c.s. de rhum vieux
- 1 sachet de sucre vanillé
- beurre *(autant de beurre en poids que de patates douces)*
- 1 goutte d'amande amère
- le zeste d'un citron et du sel

Faire cuire les patates douces dans de l'eau légèrement salée, puis les peler et les écraser en purée.

Ajouter à cette purée le sucre, le sucre vanillé, la farine et le zeste de citron râpé, le beurre et la goutte d'amande. Verser un peu de lait et mélanger le tout pour assouplir la pâte.

Incorporer 4 œufs, un à un, et bien mélanger jusqu'à ce que la pâte soit lisse.

Battre un blanc en neige et l'incorporer délicatement à la pâte.

Ajouter 2 cuillerées de rhum.

Verser la préparation dans un moule à charlotte beurré et fariné.

Mettre au bain-marie et laisser cuire au four à th. 8 pendant environ 50 minutes.

Confiture de patates douces

Recette des Antilles

Pour 4 personnes
Préparation : 10 minutes
Cuisson : au moins 1 h

Ingrédients :

- 600 g de patates douces
- 180 g de sucre roux
- ½ citron vert
- 1 bâton de cannelle
- 1 bonne pincée de noix de muscade
- 1 gousse de vanille

Peler les patates douces, les couper en cubes et les mettre dans de l'eau citronnée avec le zeste de citron vert.

Dans une casserole, mettre les patates douces puis verser un demi-verre d'eau (25 cl d'eau), puis ajouter le sucre roux, le bâton de cannelle, la gousse de vanille et une bonne pincée de noix de muscade et faire chauffer à feu très doux.

Remuer et écumer régulièrement.

Muffins aux pommes de terre et aux flocons d'avoine

Recettes de pommes de terre du Nouveau-Brunswick, Canada

L'ensemble donne 18 muffins

Ingrédients :

- 1 tasse (250 ml) de flocons d'avoine
- 1 tasse (250 ml) de lait
- 2 tasses (500 ml) de farine tout usage
- 1 tasse (250 ml) de sucre
- 5 c. à thé (25 ml) de bicarbonate de soude
- 1 c. à thé (5 ml) de poudre à pâte
- 1 c. à thé (5 ml) de sel
- ¼ c. à thé (1 ml) de cannelle
- ¼ c. à thé (1 ml) de muscade
- ½ tasse (125 ml) de margarine fondue
- 2 œufs battus légèrement
- 2 c. à thé (10 ml) de vanille
- 1,25 tasse (300 ml) de pommes de terre cuites (fouetter tandis qu'elles sont encore chaudes).

Mélanger les flocons d'avoine et le lait et mettre de côté.

Dans un grand bol, mélanger la farine, le sucre, le bicarbonate de soude, la poudre à pâte, le sel, la cannelle et la muscade.

Ajouter la margarine fondue, les œufs, la vanille et les pommes de terre au mélange de flocons d'avoine et de lait.

Incorporer le mélange humide au mélange sec et brasser jusqu'à ce que le mélange de farine soit humide.

Remplir les moules à muffins jusqu'aux trois quarts et cuire au four à 190°C (375°F) pendant 20 minutes.

Biscuit de pommes de terre au sucre à la crème

Recette élaborée par le chef René Poulin, hôtel Delta, Sherbrooke, Québec et diffusée par la Fédération des producteurs de pommes de terre du Québec

L'ensemble donne 4 rouleaux et 3 douzaines de biscuits

Ingrédients :

- 120 ml (½ tasse) de beurre
- 120 ml (½ tasse) de sucre
- 2 œufs
- 5 ml (1 c. à thé) de jus de citron
- 240 ml (1 tasse) de farine
- 15 ml (2 c. à thé) de poudre à pâte*
- 60 ml (¼ tasse) de pommes de terre cuites
- 120 ml (½ tasse) de sucre brun
- 120 ml (½ tasse) de sucre blanc
- 120 ml (½ tasse) de crème à 35%
- 5 ml (1 c. à thé) de beurre doux

Battre en crème le beurre et le sucre

Séparer le blanc des jaunes d'œufs et ajouter les jaunes au mélange de beurre et de sucre.

Ajouter le jus de citron, la farine, la poudre à pâte et les pommes de terre réduites en purée fine.

Monter les blancs en neige et les mélanger délicatement au reste.

Remplir un moule graissé et fariné. Cuire au four à 180°C (350°F) pendant 30 minutes environ.

Dans une casserole, mélanger le sucre blanc, le sucre brun et la crème à 35%. Amener la cuisson pour qu'une goutte dans l'eau froide fige légèrement en boule, retirer du feu et brasser le tout, ajouter le beurre.

Couper le gâteau en minces tranches, étendre le sucre à la crème et rouler comme un gâteau roulé.

* *Levure chimique.*

Bouchées aux pommes de terre et chocolat

Recette élaborée par le chef René Poulin, hôtel Delta, Sherbrooke, Québec et diffusée par la Fédération des producteurs de pommes de terre du Québec

L'ensemble donne 4 douzaines

Ingrédients :

- 2 grosses pommes de terre
- 200 g (¾ de tasse) de chocolat mi-amer
- 4 œufs
- 125 g de beurre
- 15 ml (1 c.s.) d'eau
- 200 g (¾ de tasse) de chocolat mi-amer
- 700 g de beurre
- 75 ml (5 c.s.) d'eau
- 1 pincée de sel

Cuire les pommes de terre et en faire une purée.

Faire fondre la première partie du chocolat avec l'eau, ajouter le sucre et le beurre puis mélanger avec la pomme de terre.

Séparer les jaunes des blancs d'œufs et ajouter un à un les jaunes au mélange.

Monter les blancs en neige et les ajouter doucement au mélange.

Mettre le tout dans un moule beurré et fariné et cuire à 180°C (350°F) pendant 30 à 40 minutes.

Faire fondre l'autre partie du chocolat avec l'eau, ajouter le beurre et napper le gâteau lorsqu'il est froid.

Décorer d'une amande à chaque morceau.

***NB :** Il y a deux indications de beurre et de chocolat dans la recette car celle-ci se fait en deux étapes, le beurre et le chocolat étant utilisés en deux temps.*

REMERCIEMENTS

Un grand merci à toutes celles et à tous ceux qui ont transmis et bien voulu partager quelques-unes des recettes présentées ici : **Jean-Luc M., Éric T., Jean-François, Guy, Jean-Marc, Odette, Roger, Véronique, Jean-Luc C., Christine, Claude, Muriel, Évelyne, Yannick, Suzanne, Christophe, Paul, Grégoire, Benoît, Sandrine, Malgorzata, Élisabeth, Hélène, Arnaud**.

Merci beaucoup à **Guy Bramante** pour trois de ses délicieuses recettes :

- les pommes de terre au lard de tonton Guy,
- le ragoût de pommes de terre de ma grand-mère Eugénie,
- la purée de pommes de terre aux truffes selon le père Vitus.

Un merci également pour l'accueil et la rapidité avec laquelle ces recettes me sont parvenues de ***Pommes de terre du Nouveau-Brunswick au Canada*** :

- les bouchées de pommes de terre au parmesan,
- le potage à la crème de pommes de terre,
- les muffins aux pommes de terre et aux flocons d'avoine.

Un merci tout spécial pour l'accueil et la rapidité de l'envoi des recettes élaborées par **le chef René Poulin de l'hôtel Delta, Sherbrooke, Québec** et rassemblées par la **Fédération des producteurs de pommes de terre du Québec** :

- le biscuit de pommes de terre au sucre à la crème,
- les pommes de terre farcies aux poivrons doux,
- le barillet aux deux pommes en mousse de carottes,
- les bouchées aux pommes de terre et chocolat.

Merci beaucoup au chef **Bernard Bergounioux**, Paris 12e, pour le temps et l'attention accordés et pour les améliorations apportées à certaines recettes présentées ici.

Et, enfin, un remerciement très chaleureux pour le temps et l'accueil que m'a réservés **Patrice, chef nivernais**, et pour tous les conseils et les petits plus qui changent tout et qui ont été apportés à certaines de ces recettes.

Dépôt légal juillet 2015

Achevé d'imprimer en juillet 2015 à Mondovì, Italie
sur les presses de l'imprimerie Arti Grafiche Dial
pour le compte d'ADVERBUM

Protège-couverture en polypropylène (recyclable)